북소리

북소리
성포 박명현 시집

도화

시인의 기도

한-편의 시-가 희망이 되고 기쁨이 되고
즐거움이 된다면 시인은 보람을 느-끼-리요
현대인의 멋과 삶의 보람을 가지며
시대를 뛰어넘는 예술작품을 감상하며
르네상스 예술에서 현대의 예술 사조까지
음악과 미술을 사랑한다면 시대를 앞서가는
삶을 살아-가지 않을-까
시-도 삶의 풍만을 줄-수-있다면
시인의 기도는 초월적 삶을 영위하시라
믿으며 시를 쓴다

차례

시인의 기도

1부 / 북소리

북소리 1 ·14

북소리 2 ·15

북소리는 길을 열어 ·16

북소리는 다시 태어나 ·17

북소리는 도량의 울림 ·19

북소리는 빛이 되어 ·20

북소리는 사랑 싣고 ·21

북소리는 선의 세계 ·22

북소리는 성벽을 넘어 ·24

북소리는 시공을 넘어 ·26

북소리는 천국의 문을 열어 ·28

북소리는 천국의 여행 ·29

북소리에 봄이 온다 ·31

북소리의 기원 ·32

북소리의 깨우침 ·34

북소리의 꿈 ·36

북소리의 바램 ·37

북소리의 신세계 ·39

북소리의 심혼 ·41

북소리의 여망 ·42

북소리의 울림 ·43

북소리의 인도 ·45

북소리의 충만 ·46

북소리의 행복 ·48

2부 / 천국으로 초대

천국으로 초대 ·52

이것이 인생이다 ·54

일상의 즐거움 ·55

대학교회 예찬 ·56

믿음이란 ·59

믿음의 향기 ·61

부부夫婦 ·62

사랑의 기도 ·63

사랑의 詩 ·64

성가대 예찬 ·65

성전의 꽃꽂이 예찬 ·66

시인詩人의 딸 ·67

촛-불 ·68

축복 ·70

행복 ·71

3부 / 풍경 소리

떠날 수는 없어도 ·74

꿀벌의 비행 ·76

노을에 물들어 ·77

눈[雪] ·79

도봉산 정상 신선대에서 ·82

민들레의 행복 ·84

박물관博物館 사랑 ·86

보길도 예송리 해변 1 ·88

보길도 예송리 해변 2 ·90

봄을 기다리며 ·91

봄의 향연 ·93

봄이 오는 소리 1 ·94

산정호수의 늦가을 풍경 ·96

속초항束草港의 새벽 풍경 ·98
저 하늘에 기대어 ·100
전시장의 풍경화風景畵 ·101
추풍령을 넘어서 ·103
하늘에 누워 ·105
한계령을 넘어 ·106
화진포의 봄 ·107

4부 / 시가 된 북소리
꿈꾸는 사랑 ·110
마지막 북소리 ·112
봄의 소리 ·114
봄이 오는 소리 2 ·115
북소리는 누구를 위해 울―리나 ·117
북소리는 빛 ·119
북소리는 사랑의 협주곡 ·120
북소리를 울려다오 ·121
북소리의 사유 ·122
북소리의 시원 ·124
북소리의 시향 ·125
북소리의 안식 ·126

북소리의 영광 ·127

북소리의 정 ·128

북소리의 정의 ·129

북소리의 흥 ·131

북소리의 힘 ·132

사랑 ·134

영혼의 완성 ·136

운명의 문을 열어 ·137

저 하늘에 기대어 ·139

천국으로의 여행 ·140

첫-사랑 ·141

한강의 부활 ·143

5부 / 음악 시

전원 교향곡 ·146

교향곡은 천국의 소리 ·149

교향곡은 행복의 소리 ·150

비발디 사계 ·152

사계四界 ·155

소리의 천국 ·156

연주회의 초대 ·157

예술의 전당 가을 음악회 ·159

운명 교향곡 ·161

음악에 취하여 ·162

음악회의 초대 ·164

클래식의 향기 ·166

타이스의 명상 ·168

하늘에 띄우는 편지 ·169

한강의 노래 ·171

행복의 선율 ·173

환상 교향곡 ·174

6부 / 평생 건강할 시

일억을 벌었다 ·178

건강한 정신과 육체 ·182

뇌 운동을 열심히 하여 꽃을 피우자 ·183

눈을 밝게 하기 ·184

다리에 쥐가 날 때 ·185

몸이 피곤할 때 ·186

복식 호흡으로 혈행 건강하게 ·187

비듬 없게 사는 방법 ·188

암에 걸렸을 때 ·189

1부
북소리

북소리 1

다가— 서다
또 어디론가
멀리멀리 떠나가 버린
그리움과 사랑으로
번뇌를 뛰어넘는 한마당 신명

언제든 부활하는 북소리는
울음으로 태동하여 허공을 차고 올라
잔영의 파문은
저—하늘에 새겨 두고
빈손으로 돌아온 평화

북소리 2

오늘의 별이 반짝반짝
빛나게 두드려다오 어제의 북소리는
마음을 열 수 없다

북소리를 울려다오
천지를 진동시켜

마음과 마을을 이어주는
평화의 문을 여는

저 시원의 소리를
힘껏 두드려다오

무의식의 선계를 일깨워다오
신세계의 문이 열리도록 울려다오

북소리는 길을 열어

북소리는 영혼의 소리
빛이 되어 우주를 유영한
하늘을 여는 천상의 소리

무엇을 나누며 무엇을 해야 하는지
무엇을 위하여 살아야 하는지
길을 열어 주는 북소리

명상으로 다가서서
천국으로 향한 발돋움
열린 창을 통해 신세계를 본다

북소리는 다시 태어나

사유한 감정을 절제한
바람 앞에 제 모습을 변용시켜
향연의 오묘한 신기를 품고
돌아올 수 없는 머나먼 곳으로
떠나야 하는 가슴 아픈 사연들

허공에 날려 보내고
푸른 하늘에 띄우는 기도의 염원은
살아온 노정의 바탕에서 우러나온
풍자와 해학이 된 소리
성찰의 세계에서 들리는 비상

꿈을 날려 버린 웅혼한 초월자
가장 먼저 가슴으로 안아주고
흔들리는 애달픈 몸부림에도

중심을 잃지 않는 북소리
높은 신념의 기치를 지킨 울림

북소리는 도량의 울림

두드릴수록 더욱 심금을 울리고
가슴 헤집고 달려온

사랑이 넘치는 희망의 저 북소리
사무치는 그리움 삭이며 운다

가슴 깊이 새겨진 북소리
굽이굽이 저 산 넘어

다시 깨어나온 고행
세월이 흘러간 이념의 굴레

오늘도 깨우침을 얻는다
북소리는 청정 도량의 울림

북소리는 빛이 되어

북소리 울림에
다 비워 버린
다 태워 버린

미련과 오만을 접고
허허로운 사념을 뛰어넘어
진리의 끝자락에 안겨

해탈되어 흘러내리는 빗방울 들은
사념의 강을 이루며
출렁이며 흘러가는 빛이 된다

북소리는 사랑 싣고

사랑에 취한 시인의 노래는
북소리를 타고
우주를 돌고 돌아요

저 하늘의 천국에 이르기까지
세상은 더욱 아름답게
낙원이 저기 보이니까

사랑은 행복의 기적을 울리며
교향곡으로 심연을 감싸 안고
감미로운 소나타가 된다

사랑하는 눈빛으로
사랑하는 가슴으로
북소리는 포근히 감싸 안아요

북소리는 선의 세계

북소리는 많은 지혜와
진정한 인생관을 갈구하는
철인哲人의 길로 인도한다

이성과 지성의 파고를 넘나드는
선의 세계에 살라 한다

생각하고 또 가다듬어
북소리는 혼의 신기루 저-넘어
신의 계시가 있고

도량의 각성의 깨우침으로
해탈의 문을 두드려 열게 한다

성실한 사념 적 피안을 넘어
고달프고 힘들었던
암흑의 터널 지나노라면

북소리의 계시에 앞으로 나아가—
시원의 세계에 도달한다

북소리는 성벽을 넘어

일상의 고단함을 평안한 울림으로
깨달음을 여는 지혜의 소리

설렘의 뒤안길 돌아
성벽을 타고 넘어
황혼에 빛을 끌어안은

황금 문이 열린 신세계로
미래의 세상을 바라본다

서로가 잘 아는 소리
모두를 비켜 가는 소리
우리가 함께 느끼는 소리

사랑이 넘치는 희망의 전령
가슴 깊숙이 안기는

잊지 못하는 애달픈

사랑의 절규를 외치는

사무치는 그리움의 북소리

북소리는 시공을 넘어

생명은 강건하고 거룩하며
은은한 소리로 시공을 넘는다
성실히 하루하루를 살았는지

무엇을 위해
누구를 위해
최선을 다하고 살았는지

무엇을 남기고
어떤 위로를 받아
내일을 위한 영혼을 맑게 했는지

내세來世를 위한 기원의 소리
모두가 메아리 되어
북소리는 되돌아와

저 맑고 시원한 평원을 가로질러

등고선 넘어 피안의 세계로
북소리는 내달린다

자유와 평화 조화와 화합과
질서를 이룬 무언의 세계로
도道의 경계를 넘나든다

북소리는 천국의 문을 열어

지축을 흔들며 달려간 그곳
살을 에-이는 고통의 한계를
뛰어넘어선 무한의 질주

죽음의 문턱에서 굽이치는
생사를 넘은 불사조의 혼불
푸른-창공을 달려가는 웅비

저 우주 공간의 무한대의
시공의 벽을 뚫은 깨달음
초월의 한계를 뛰어넘어

천국의 문을 연다

북소리는 천국의 여행

북소리는 꿈을 꾼다. 멀리 저 멀리
새로운 세상을 향해

사랑의 꿈을 전하는
아직도 꿈꾸어 보지 못한 저 세상으로

저 높은 곳으로 영혼을 이끌어
천국으로 여행을

사유의 저 평원으로
이상의 세계로 달려간다

떨림의 여운은 감미로운 색채로
영혼을 촉촉이 적신다

울림은 우주 저 너머
별이 되어 반짝이는 혜성 찾아

푸른 초원을 지나서

찬란한 유토피아 세계로

북소리에 봄이 온다

봄은 저 들녘 아지랑이 타고 – 오는가
풀피리의 떨림 – 으로 오는가

태평소의 동팔랑銅八郞의 울림으로 – 오는가
북소리에 미명을 깨워 달려 – 온다

수양버들 아래 황소 – 걸음으로 – 오는구나
설렁설렁 계곡 물길 따라 춤을 추며 오는구나 –

그리움에 지친 봄바람은 산등성을 넘는다
동산은 기지 – 개를 켜며 푸른 옷으로 갈아입는다

까치가 까 – 악 까 – 악 봄소식 전한다
봄이 온다고, 봄이 왔다고

북소리의 기원

학문의 길은 하루하루 쌓아 가는 일
도의 길은 매일매일 버려 가는 일

만족할 줄 아는 마음은
도를 보고, 들을 수 있다

부드러움이 단단함을 깨운다
맑고 고요함은 최상의 기쁨

너무 강하면 부러-져
적당할 때 그칠-줄-알아야

흘러가는 소리 없어도
큰 물줄기를 이루는 강의 포용

저 넓은 세상의 바다를 향해
쉬지 않고 흘러간다

보이지 않고 들리지 않지만
도는 그 깊이를 알기 어렵다

하늘을 달려가는 빛이 되자
파-아-란 하늘이 되자

북소리의 깨우침

북소리는 침묵한다
해서는 아니 될 말과
실수를 적게 하고 자중하라 한다

북소리는 울며 전한다
외로움과 고독을 이겨내고
욕심과 욕망을 털어 내고 살라 한다

북소리는 경고한다
아름다운 숲을 가꾸듯이
평화를 사랑하라는 진실의 울림이다

북소리는 묵시한다
영적인 구원자가 되라 하며
선망의 대상이 되게 살라 한다

북소리는 사랑이다

미움과 원망을 걷어 내고
따뜻한 가슴으로 보듬어 다독인다

북소리는 행복이다
하늘에 기쁨을 전하고
천국으로 초대하는 진통의 울림이다

북소리의 꿈

북소리는 언제나
꿈을 가지라 한다
주어진 운명의 개척을 위하여

끊임없는 불굴의 정신으로
기쁨을 위한 창조적
신기원을 이루라 한다

북소리는 희망의 빛을 찾아
대도를 가라 한다
북소리는 꿈이요 사랑이요 찬란한 미래다

북소리의 바램

눈엔 선하고
쌓인 그리움은 애달픈데
공허한 가슴을 울리는 북소리
기쁨도 슬픔도 다 녹여

즐거움의 움이 돋아
희망의 꽃이 되어 피어난다
눈보라 쳐도 당신 향한 그리움
북소리 되어 달려간다

산등성을 넘어
아카시아 숲을 지나 달려간다
그대 창가에 머물기 위해
아름다운 꿈을 퍼담아 왔다

봄날 새순이 돋아나더니
기쁨 되어 다가선다

푸른 숲이 되어
모두를 감싸 안는다

북소리의 신세계

교향곡의 바다에
고운 물결에 담아
새로운 삶의 색채로
수채화를 그려 놓는다

찬란한 활력의 빛으로
신비의 문을 두드려
바람도 비껴가는
구름도 날려버린

푸-른 창공을 향해 끝없이
달려가는 북소리의 염원
한 줄기 빛을 찾아
만인의 심금을 울려

깨달음의 경지에 도달한 순간
축복의 북소리 된다

새로운 세상을 펼친
북소리는 신세계다

북소리의 심혼

저 하늘을 가로지른 하늬바람은
파문을 일으키며 달려왔다

저 푸른 물결의 창파를 넘어
심혼을 뒤흔들어 유속을 일으켜

더 넓은 저 하늘 저 바다로
저 숲을 향해 달려간다

산을 넘어 강을 건너
메아리로 거듭날 때까지

사랑 실−은 노래 되어
가슴 깊이 심금 울려 주는 북소리

북소리의 여망

느리고 여린 소리의 여망
감싸주고 안아 주고픈

사랑하는 어머니 품 같은
오직 사랑만을 담은
정 넘치는 북소리

담과 울의 경계를 넘어
저 광야를 향한 허공을 휘어잡은

몸부림의 북소리
온 우주를 끌어안아 울고 있는
행복 그득한 영혼의 신세계

북소리의 울림

온순하고 공손하게
몸 낮추라는 울림
도리와 이치를
깨달아 가라는 소리

옳은 일에는
신명을 바치고
덕을 갖추고
교만을 버리라는 울림

항상 배움의 자세로 임하며
최선을 다하고 기다리라
신의 가호가 함께하길
북소리는 애원한다

마음을 비워서
미래를 꿰뚫어 보는

진리의 심미안으로 다가가
마음의 성찰을 이루라는 소리

북소리의 인도

북소리에 이끌려
신비의 문-을 두드렸다

철학의 샘을 길어 올려
찾아온 깨우침의 일각

장대한 무척산無隻山 능선을 타 넘어
오르내린 젊음의 뒤안길

모은암母恩庵과 부은암父恩庵의
풍경 소리에 안겨 꿈꾸든 젊은 날

바람 부는 대로 물 흘러가는 대로
낙동강-물에 순응하며 살아온 세월

사랑을 위한 북소리는
언제나 기쁨의 충만-이 넘쳤다

북소리의 충만

큰 울림으로 다가와 깨워 준다
무한대의 우주 공간에 획을 그어
아득한 울림은 재림의 세계

북소리는 천국의 사랑 노래
3차원 무의식의 선계
텅-빈-공간의 충만

고립되지 않고 깊이를 더해가는
고뇌의 빗장을 풀고
신세계의 문을 열어

빛과 소리의 어울림에
저 하늘에 무지개 걸어 두고
내 안에 잠자던 바램은

비우고 버리고 낮추어

그리움에 못 잊어

북소리에 오열한다

북소리의 행복

넘치지 않고
비워 냄으로
소리는 멀리멀리

물이 흘러가는 대로
바람이 부는 대로
저 광야를 향해

북소리는 초월의 경계를 넘나들어
초연한 자연의 소리가 된다
날아가는 구름이 된다

봄의 파릇한 훈 향을 끌어안은 서정
여름의 풍만함과 싱그러움이 품어낸 향기
서늘한 가을바람의 낭만의 물결 헤쳐
북풍의 찬 겨울 탱탱한 활시위 넘어

쓰라린 아픔을 멀리하고

달콤한 추억만 가슴에 새겨

사랑을 안고 달려가는 북소리

꿈과 행복을 찾아가는 북소리

2부
천국으로 초대

천국으로 초대

교향곡의 찬연한 화음의 협주는
천국으로 초대한 우주의 유영
빛나는 거장-들의 예술혼을
가슴에 퍼 담은 환희의 물결

희로애락 넘어 경건함에
세상 이치 다 익혀 깨달으니
이 얼마나 큰 기쁨-인가
신의 경지에는 이르지 못해도

신과의 소통 가능 꿈꾸는
신선의 경지 저 푸른 초원에 서서
인간-이기에 다가선 초월적 행복
하늘의 묵시를 듣는다

교향곡을 백-번을 들으면
하늘이 열리고

교향곡을 천-번을 들으면

천국이 열린다네

이것이 인생이다

좀 모자란 듯
   부족한-듯
   아쉬운-듯

좀 작게 적게
   손해 본-듯
   한발 물러선

좀 뒤처진-듯
   져주는
   되 밀어주는

생을 달관한 자의 여유로운 삶이란
기쁨 되기 위한 빛과 소금 되어
이 우주의 거대한 오케스트라의 단원으로
나의 연주에 최선을 다하는 삶
이것이 인생이다

일상의 즐거움

살아온 만큼의 사연을 가지고
오늘을 살아간다-네

살아온 만큼의 지혜를 터득하고
오늘의 성장이 있다-네

힘들고 괴로울 땐 저 푸른 동산에 서면
새로운 기쁨과 희망이 샘솟는다

오늘도 꽃들이 지천으로 피고 있으니
무릉도원이요 유토피아가- 아닌가

내일이면 또한 새로운 만남이 있으니
인생이 즐겁고 감사하지- 않은가

대학교회 예찬

주일마다 채색을 달리한
수채화가 그려지고

철 따라 솔바람이 빚는
풍경은 빛이요 광명이다

불암산과 아차산을 아련히
이어주는 능선의 풍광

불암산 자락에 안겨
별이-된 ☆

사계절이 살아 숨-쉬는
성전 †

대학과 세상을 위한

빛과 소금의 영성체

그리스도 정신을 구현하는
말씀에 순종하며

찬송과 기도로
가슴 가슴에 촛불을 켜

부활을 꿈꾸는
믿음 뿌리 내리고

복음의 성운에 안겨
천국의 계단을 오르는

사랑과 희망의 합창이
울려 퍼지고

영혼의 꽃을 피워
부활의 기쁨이 넘치는

대학교회는 에덴동산이요
축복의 요람이다

믿음이란

실제로 볼 수 있는 느낌보다
미래를 보고자 하는 영혼의 용기

당신을 보면 기분이 좋아지는 정감
배려할 줄 아는 아름다움이 배어 있는

따뜻한 마음 잘 이해 해주는
예쁜 마음 환한 웃음

깊이 있게 사려하고
사랑하는 정겨움이 넘쳐나는

부드러운 눈빛 참 마음 편한
향기가 느껴지는 지성

담장 넘어 길손을 위해 만발한
장미꽃들의 협주곡 향연

정겨움이 묻어나는 넉넉함
누군가에게 행복을 주는 전도-자

말없이 흘러가는
강물의 속 깊은 명상

세상이 아름답다는 걸 알게 하는
기쁨과 환희의 교향곡

믿음의 향기

기쁨 가득 충—만이 넘치는 캠퍼스
유한한 욕심은 전지가위로 잘리고
낮추고 굽혀서 더 믿음직하게
사랑의 꽃을 피워 더 사랑받게 되고
희망과 신앙이 자라서 넉넉함이 있고

오늘도 하늘로 열린—창을 통해
하루하루에 감사하고 최선을 다하는
후회하지 않는 아름다움이 있고
한잎 두잎들이 모여 푸른 정원이
새싹들이 자라서 무성한 숲을

언덕에 뿌리내린 고목들의 의젓함은
인내와 사랑과 찬양의 향기
아름답고 풍성한 꽃들의 화합
철새와 텃새들의 이중주가 울려 퍼지고
바람은 장엄한 교향곡을 연주—하고 있다

부부夫婦

살면서 닮아 가는 얼굴
작은 소망들이 넘쳐
행복으로 포장된 울타리

눈빛으로 심중의 의사 전달을
몸짓 하나로 언어 관통
정은 더덕더덕 세사世事에 엉겨

닳고 닳아 척이다
먼 하늘만 바라봐-도
눈물의 진원을-안다

쌓인 잔정은 촛불-처럼 일렁이다
켜켜이 녹아 성城을 쌓는다

사랑의 기도

소나타 한 악장에도
가슴 저며 오는데
무너져 내린 마음의 상처
새싹이 돋기 전에
전율해버린 시련

아득한 저 광야를 지나서
가슴 시리고 아리던
사랑은 꿈이 되고
희망의 별빛 되어
붉게 타-오른다

산을 넘다 잊혀버린 옛이야기
광명의 빛을 향하여
사랑의 기도가 끝날 때까지
푸른 들-판을 건너고 있다
기적의 재회를 꿈꾸며--

사랑의 詩

가슴으로 눈을 뜨고 본다면
사랑이 보일 것이요

가슴으로 귀를 열어 듣는다면
사랑의 노래가 들릴 것이요

참된 진실은 언제나 변함없는
사랑의 징금-다리가 되겠지요

즐거운 마음과 기쁨의 이중주는
빛과 소금의 영성체

가슴을 열어젖히고 웃음으로 맞이한다면
사랑의 詩가 되겠지요

성가대 예찬

십자가의 길을 인도하는 찬양은
밀려오는 복음이요 영혼의 노래
충−만이 넘치는 저 환희는
천상의 세계로 이끌어 주고

성전에 울려 퍼진 부활의 꿈은
가슴 깊이 침전되어 샘솟는 기쁨
천지창조로부터 최후의 만찬에 이르는
영성의 진폭을 넘어선 축복의 성가

지휘자의 열정은 천국의 정원을 거닐게 하고
현악기는 사랑의 징검다리를 놓고
강물처럼 흐르는 피아노의 선율
저 깊은 심연에 내려꽂힌 북소리에

천국의 문이 열린다
행복의 문이 열린다

성전의 꽃꽂이 예찬

기쁨과 감사로 주일마다 새롭게 부활하여
그림과 시詩가 된 사랑의 변주곡

평화와 은혜가 내린 동산의 향기
성전은 생기가 넘쳐 영혼의 울림이 있고

한-주일의 기도는 영성으로 잉태하여
천국으로 인도하는 빛이어라

언제나 쌍으로 태어나 두-배의 축복을 주고
상상의 날개를 펴주는 손길은 천국의 문

시인詩人의 딸

"명품을 한-번도
 사주지 못해 미안-하구-나"

"들고 입고 바른다고
 명품이 되나-요"

"사람이 명품이 되어야-죠"

촛-불

촛-불이 모여들어
분노의 불을 밝힌다

촛-불의 함성에 세상이 타고
민심도 타들어 간다

누구를 위한 촛-불-인가
진실을 가장한 촛-불-인가

평화를 위한 진군의 북소리-인가
사랑의 미소를 감춘-채
놀란 심사를 태-우나

희망이란 열망으로 밝힌 촛-불
타다가 속울음 울어
가슴을 헤집어 버린

돌아올 수 없는 강을 건너 버린

빈 들녘에 어둠을 사르는

횃불이 되었구나

축복

한 주일 동안 불던 바람이
캠퍼스를 수채화로 물들이고
새색시처럼 밝은 미소로
풍만한 가슴을 활짝 열고 있다

오늘도 반가움에
향긋한 훈-향 계절풍은 불어와
살가운 가지를 흔들며
튼실한 열매가 여물어 가는 기도 소리

합창은 저 푸른 하늘에 영혼의 울림
한 계단 계단을 오를 때마다
영광과 축복의 길로 인도-하여
천국으로 다가서게 하는-구나

행복

위대해서 행복한 것이 아니요
최선을 다하는 것이 위대함이요

정복하는 것이 기쁨이 아니라
사유하며 사는 것이 행복이요

고통과 환란을 기쁨으로 바꿀-수-있는
지혜는 내일의 행복이요

못 가진-게 불행이 아니요-마음을
내려놓을 공간이 행복의 요람

한 그루 꽃을 심고 꽃피우는 일이
아름다움이고 영혼의 다스림-이요

시를 읽고 교향곡을 들을 수 있노라면
무릉도원이 아니-겠는가

3부
풍경 소리

떠날 수는 없어도

떠날 수는 없어도 배를 만드는
당신은 바다요

떠나지는 못해도 배를 만드는
당신은 항구다

바다가 그리워 바다 되어
하얀 포물선을 다듬는 망치 소리

떠나지는 않아도 배를 만드는
당신은 만인의 등대-불이다

세상의 모든 강물이 바다 되듯이
바다가 된 당신은 침묵하는 장인이다

대해에서 들려오는 목-메인 기적 소리
파도 되어 달려온다

밀려오는 파도 소리는 배를 만드는 힘이 되고
거룩한 합장이 된다

기적 소리소리들 여기는 너희를 태동시킨
너희의 항구다 조선소다

오늘도 새벽을 소생시키는 일출의 장엄
바다의 소리와 빛이 달려온다

오직 배를 만드는 일념은 저 푸른 바다를 가르는
전진을 위한 뱃고동—이요 영혼의 나침판이다

꿀벌의 비행

향기로운 꽃을 찾아 꿀을 찾아
소리 없이 비행-한다네

자신의 그림자를 숨기고
훈풍에 파도를 타며 이꽃 저꽃

향기에 취해 꽃동산을
사랑-한다네

향기를 품은 꽃들은
꽃잎 활짝 열어 세레나데 부르고

행복이 넘치는 꽃동산에서
훈-향에 취해 꿀을 빨다 잠들었네

이꽃 저꽃에서 단꿈 꾸다 보니
가을바람이 날개를 붉게 물들였다

노을에 물들어

조각 배를 타고 노을에 붉게
물들어 노를 젓는다
음악이 되고 시가 되고
수채화가 되었다

긴 그림자는 해면에 드리워
출렁이는 추상화가 되었네
거센 바람으로 일어선 욕망은
오늘도 미로 찾아 달려나간다

갈피 못-잡은 바람에
꿈이 출렁거린다
사유의 분방함은 파도를 넘어
피안에 도달한다

황혼을 잠재우는
연정의 노을은

돈오돈수의 기쁨 안고

새로운 항해의 돛을 올린다

눈[雪]

천지를 덮고도 또 내리고 싶은
넌 아마 -

하늘이 내리는 신명 들린
노화가 인가- 보다

모두가 비워둔 허허로운 들-녘을
말없이 채우는 넌 -

세월의 갈피를 접고 달려온
계절의 파수꾼-인가

빗장을 풀고 가슴을 활짝 펴
너의 노래를 듣자-구나

천지를 덮고도 또 내리고 싶은
네 사랑에 -

가슴 가슴에 그리움 지피고
눈부신 신세계를 열었-구나

욕망의 갈피를 세운 고목들도 이젠
설원에 엎디어 부서지고 -

한 겹씩 벗어던진 아쉬움에
더욱 몸을 낮추었구나

바람에 버텨온 시련들
모두 덮어버린 새하얀 축복

천지를 덮고도 또 내리고 싶은
네 소망에-

우리의 창에도 뜨락에도 찬란한 꿈이

모자이크-된 그 순결로

축복의 합창이 울려 퍼지는 저 설원을
짓쳐가게 하는-구나

신세계의 문을 활짝 열고
신나게 달려가보자

순백의 세계
우리들의 천국으로

도봉산 정상 신선대에서

한낮 먹구름으로 감싸버린 도봉산정
높고 힘찬 그 풍모 그 기상
영혼이 떠돌고 있다

구름이 떠받쳐온
계곡마다 철썩이는 냇물은
전설을 써-내려왔다

도봉 계곡에서 불어오는
사랑 노래는 꿈이 되고
희망의 메아리 되어 출렁인다

먹구름 걷히고 해맑은 얼굴로
위용을 자랑하는 거대함
도봉산정의 우렁찬 자태는

선계를 넘나드는 신선의 풍모다

화강암의 화사한 큰 바위 얼굴들
도봉산을 타고 솟아오른 선인봉

사랑이 넘치는 따사로운 햇살에
푸르고 높은-가을 하늘을
가슴에 안아 본다

모든 것 비우고 푸르게 흔들리는
도봉산 풍광은 신선의 경지다
누구나 선인이 될 수 있다

도봉산-신선대에서
천국의-문을 열고 보니
하늘이 내린 신-세계

민들레의 행복

환한 웃음으로
샛별로 피어나
해맑은 인사를 하는
너의 미소는 눈이 부시는 구-나

작아서 더 예쁜
노오-란 꽃이라 더 어여쁜
기쁜 몸짓으로 애교를 떠는 넌
눈물겨운 선택으로 태어났-구나

비탈 계단 틈 사이사이
마당 한구석 가장자리에
길가 풀섶에 주저앉아
한-줌 흙으로도 자족할 줄-아는 넌

척박한 땅에 믿음 뿌리 내리고
열정으로 꽃을 피운

자유로운 봄의 전령
천국의 문을 열었-구나

새털구름 등에 지고
바람 따라 구름 따라
정처 없이 훌훌 떠날 수 있는
민들레 홀씨의 낭만 여행

박물관博物館 사랑

폭풍과 함성을 숨죽여 달려온
피와 땀이 스며든 역사의 숨결

한-조각의 파편에도
영광과 광명

세월의 무게만큼 풍만한 기쁨
예술의 진수를 보는 영혼의 노래
주마등에 비친 선혈의 역사

진열장 넘어 옛-이야기 들려오고
시대를 풍미한 기백의 표상

불꽃의 혼을 태워
역사의 지표가 된 삶의 궤적
회화, 조각, 도자기, 금석문, 서예

황금 들녘의 물결-처럼 일렁-이다
맥박 소리 함축된 진열실의 호곡

역사의 벽을 넘어 오늘도
꿈틀대는 아름다움과 빛은
무도회의 권유를 받고 있다

보길도 예송리 해변 1

여객선이 기적을 울리면 행복한 보길도 섬
외로움은 밀물처럼 철썩-여

몽돌과 조약돌은 가슴을 맞대고
알몸으로 노래한다

밀려오는 파도의 유희에
숨죽여 눈감으면 어머니의 자장가

천년의 전설을 이어 온 해변의 포-말
구르고 굴러 부딪쳐온 보길도의 역사

최남단에서 고독의 끝자락을 끌어안고
보길도의 다정다감한 이야기는 노래가 된다

파도는 날마다 수평선을 끌어당겨
사랑의 詩를 그려놓고

예송리 해변의 몽돌과 조약돌의 천년의 연주회
바다의 교향곡을 들을-수 있다

보길도 예송리 해변 2

아득히 끝없이 밀려오는 파도-소리

태초의 천지 창조의 소리-인가
행복을 밀어 올리는 바다의 속삭임-인가
심해의 내밀한 신비의 연주회

스르럭- 스르럭- 차르르- 차르르-

알몸으로 부딪쳐 살아남은
몽돌과 조약돌의 연주는
오늘을 사는 희망의 노래

초월적 삶의 기도 소리로-달려온다

봄을 기다리며

낙엽으로 붉게 단장하더니
칼바람에 휘둘리고
북풍의 한기에 휩쓸려 떠나버린

숲은 또 비워내고
헤어져야 하는 숙명에
가슴-아리고 시리다

긴 겨울 북풍한설에 날려버린
한해의 서운함을 감추고
다 버리고 떨구어 버림으로

새 세상을 꿈꾸더니
이제 남풍이 불어오니
새로운 하늘이 열린다

진실한 마음으로

끈기와 정성으로
행복한 웃음으로

바다 같은 포용력으로
하늘 같은 사랑으로
봄의 문을 열어보자

봄의 향연

담장 위 정원 동산에서
축포를 터트리며
꽃의 왈츠가 시작－되었다

풀－피리 소리에 새순들의
해맑은 미소 연두－빛 탄생
봄바람에 희망을 싣고

지난－해를 그리워하며
행복은 가지 끝에서
땅속에서 피어－난다

전원 교향곡을 꿈꾸며
도봉산－계곡에 울려 퍼진 빵－빠－레
봄의 향연은 시작－되었다

봄이 오는 소리 1

기도 소리처럼 다가와
오색 꽃으로 부활한 봄

새순들은 손을 내밀어
뒷동산을 향기로 감싸며
사랑을 피워낸 원색의 향연

개나리, 진달래, 벚꽃, 목련이
봄을 재촉하고

저－멀리서 달려온 아지랑이 속삭임에
새 출발의 푸른 꿈을, 그 많은
지난해 피운 잎들 다 버리고 비움으로

새순과 꽃을 피운다는 진리
봄은 언제나 일깨워 주는 구－나

키가 큰 은행, 미루나무 가지는
십자가의 종탑에 기대어
봄의 왈츠를 듣고 있다.

산정호수의 늦가을 풍경

어디선가 우렁찬 수레바퀴가
덜컹대며 메아리로 다가온다

계곡의 바람이 산등성을 타 넘어와
단풍으로 물들이고 호수도 물-들였다

노-목은 거미줄처럼 엉겨
붉어진 살점을 드러내 놓고

긴 그림자를 드리워
스스로 존엄을 지킨다

칼날 같은 서릿발은 아직
뿌리 내리지 않았어도

청솔은 성장을 멈춘 채
푸르게 울어대고

호숫가 통나무집은 삐걱거리며
진통의 아픔을 삭이고 있다

명성산은 산정호수에
깊게 발을 담그고

자신의 풍경에 취해
푸른 호수를 내려다 보-고 있다

속초항束草港의 새벽 풍경

동력선에 매달린 집어등集漁燈에 취해
천길 깊은 동해—바다는
어둠을 뒤척이며
어선漁船을 흔들어 댄다

망망대해에 내려—앉은 별들이
물안개를 걷어 올려
해면에 이는 찬바람이 불어와
속살을 헤집어도

밤—새워 바다를 끌어올린
어부들의 기쁨과 환희
만선의 깃발은
더—높이 날리고

어부들의 흥겨운 뱃노래는
설악산의 메아리로 넘실—대다

동해의 푸른 정기精氣가 — 된다
귀항歸港의 뱃고동 소리에

속초항이 깨어나고
갓 — 잡아 온 생선들이 퍼 — 덕 퍼 — 덕
밤새워 밀려온 파도 따라
속초항은 세레나데를 부르는데

저만큼 뒤따라온 아침 해가
활기 넘치는 수채화를 그려 놓았다

저 하늘에 기대어

파-아-란 하늘
해맑은 천국의 문을 열어

퍼담은 행복의 무게는
꿈의 무게

책 속에서 걸어 나와
다다른 새벽의 열린 하늘

모두의 평안-이 담긴
희망의 갈피엔

저마다의 고단한 꿈이
영글어 있다

행복은 살아가는 동안 그렇게
수채화-처럼 스며들었다

전시장의 풍경화風景畵

선염渲染은 정을 스미며 스멀스멀 번져 나오고
묵선墨線은 한지에 생기를 약동시키고

적묵積默은 묵직한 명암의 비경
갈고리 준-은 번쩍이는 예지와 힘

산허리가 휘게 감긴 운무雲霧 자락에
강물은 정적을 불러오고

초가집 두어-채가 교향시에 취하여
모-닥 연기 피워 올리고

중참인 아낙의 붉은 치맛자락에
한낮이 익어가고

고개 수그린 비탈-밭 수수는
끄덕끄덕 졸고

장끼의 울음에 아낙의 발길은 더 바쁘고
앞서가는 강아지는 신명-이 났나보다

두런거리는 속삭임 손짓하는 잎새들
주페의 선율이 언덕을 넘고 있다.

프란츠 폰 주페-오페레타 (시인과 농부) 서곡

추풍령을 넘어서

꿈과 희망을 싣고서
긴-터널을 달려 나온
숨 가쁜 열차는

기쁨의 기적을 울려-대며
저 푸른 산과 들을- 지나
간이역마다 행복의 타래를 내려놓고

어쩌지 못하는 벅찬 충만에
객차를 흔들어 대며
계곡을 돌고 돌아 굽이쳐 포물선을 그리며

덜커덩-덜컹-덜컹-

추풍령을 넘어서 부산을 향해
기적을 연신 울려대며
달리고 또 달린다

50년을 오고 가도 언제나

신세계가 펼쳐지는 산야山野

마법의 불꽃*은 연봉連峰을 넘는다

*바그너 : 니벨룽겐의 반지 2부 발퀴레의 3막 3장에 나오는 곡

하늘에 누워

하늘 위를 날아간다
상승 제트 기류를 타고
구름 위의 신선 되어
아득히 보이지 않는 허공을 날아

바다 건너 사막 지나 산맥 – 넘어
동경의 세계를 탐닉하러
시공을 뛰어넘어서
새가 되어 구름 위에 잠든다

맑다 못해 순하디 – 순한 푸른 하늘
머리 위에는 밝은 태양이 빛을 발하고
지상의 동화 같은 건물들 저 아래 잠들어
삼라만상이 정지하고 시간은 멈춰버린

구름 위의 선경에 누워
우주의 유영을 한다네

한계령을 넘어

설악산 한계령 능선을 모두 적시고
흘림골, 주전鑄錢골 골짜기를 휘감은
맑은 폭포수는 춤추는 즉흥곡

병풍처럼 둘러선 기암괴석들 군락群落을 이룬
신선神仙들의 대좌對坐 아래
바위를 뚫고 오색 약수가 솟는-구나

교각橋脚 상판은 길손의 기쁨을 싣고서
붉은 단풍에 취해 한해를 되돌아-본다
평화와 평온의 옥수는 동해-바다로 흘러들고

가슴을 물들인 이 가을의 추억
실경實景 산수 화폭은
오색 엽서葉書 되어 가슴에 날아든다

화진포의 봄

동해의 해풍 불어와 가슴 적시고
화진포 해변을 달려온 파도 소리
송림 숲속 봄 단장 마친 꽃의 요정들
호반에 드리운 키-큰 미송의 늘 푸른 초대

해변 철새들은 평화로운 비상
나부끼며 춤추는 갈대의 원무곡
호수에 잠든 뭉게구름의 평안
아름다운 호반은 우리를 따라온다

붉은 철쭉의 애달픈 혼절은 뚝 뚝
손목을 붙잡고 회유하며 밝은 미소로
기쁨에 막바지 수채화를 그려 놓았다
삶은 아름다움의 연속 선상의 추억

4부
시가 된 북소리

꿈꾸는 사랑

당신의 가슴에 안겨
아름다운 꿈을 꾸고 싶습니다
당신의 영혼을 끌어안고
죽도록 사랑을 하고 싶습니다

당신의 열정에 이끌려
사랑을 꽃피우고 싶습니다
당신은 빛이고 희망이고
나의 미래이기 때문입니다

당신의 창가에서
세레나데를 부르고 싶—어요
당신은 내 삶의 이정표
내가 살아가는 이유—입니다

멀리 떠나간 지금은 떠도는 별
당신의 영혼에 기대어 잠들면

그리움의 움이 싹트고 있어요
꿈속에서 당신의 품으로 날아-갑니다

마지막 북소리

모은암母恩庵과 부은암父恩庵에 메아리친
북-소리는 역사의 신음에 울고
회상의 뒤안길에 긴-여운을 이끌며
말티 고개를 넘어-갔다

마지막 북-소리는
최선을-다해 울었던-가?
누구를-위해 울었던-가?
무척산無隻山*을 타고넘은 북소리

보이지도 잡히지도 않는 소리는
낙동강 하구를 가로질러
남해-바다로 흘러-갔다
일생-동안 회한의 빛-되어

두 어깨에 명예를 걸머지고
역사의 순교자가 되어

머나먼 길을 떠나신 당신은

모두의 빛이 되었습니다

*무척산-경남 김해시 생림면 소재 산 (703m)

봄의 소리

담장 위, 정원, 동산에서
축포를 터트리며
꽃의 왈츠가 시작 – 되었다

풀피리 소리에 새순들의
해맑은 미소 연두 – 빛 사랑
봄바람에 희망을 싣고

지난해를 그리워하며
행복은 가지 끝에서
땅속에서 피어난 – 다

전원 교향곡을 연주하며
동산에 울린 빵 – 빠 – 레 봄의 향연은
가슴 울리는 따뜻한 시가 – 되었다

봄이 오는 소리 2

손님이 온다-고 까-악 까-악
봄이 온다-고 까-악 까-악

동네에서 제일 높은 당산나무-등걸에다
둥그렇게 설기-설기 집을 지어

사랑의 집을-짓는 까치가
아침마다 반갑다고 까-악 까-악

추위를 잊고 까-악 까-악
하얀 까치가 집을 지을 땐

저-산 넘어 어디선가
봄이 오고 있다는 소리

까치집이 완성-될 때-엔
개나리 진달래꽃들도 활짝 핀다-네

손님이 왔다고 까-악 까-악
봄이 왔다고 까-악 까-악

북소리는 누구를 위해 울－리나

촛불이 모여들어
분노의 불을 밝힌다
성난 군중이 횃불을 높이 들어

촛불의 함성에 세상이 타고
우리의 역사도 타들어 가고
민심도 타들어 간다

누구를 위한 촛불인가?
진실을 가장한 촛불인가?
밀려드는 민심의 분노－일까?

평화를 위한 진군의 북소리인가?
사랑의 미소를 감춘 채
놀란 심사를 태운다

희망이란 열망으로 밝힌 촛불

타다가 속울음 울어
가슴을 헤집어 버린

돌아올 수 없는 강을 건너버린
빈 들녘에 어둠을 사르는
횃불이 되었―구나

북소리는 빛

바람의 속삭임인가?
북소리의 애원인가?

뻐꾸기들 합창에
피어나는 그리움의 향수

적막의 어둠을 걷어 내고
달려오는 소리와 빛의 유혹

마음의 창을 흔드는
새벽 미명을 여는 소리

오늘도 신세계를 열어가는
빛과 북소리의 찬란한 협주곡

봄바람의 살가운 미소에
한해를 되돌아-본다

북소리는 사랑의 협주곡

반짝반짝 별들 향한
초승달의 애수를 담아
존재하는 모든 사물의 시원을

색도 없고 보이지 않아도
북소리는 지축을
흔들며 달려간다

무상무념에도 애련으로 뛰어넘어
스쳐 가는 바람 – 인가
통곡의 절규런가

저 하늘에 평화의
무지개를 걸쳐놓은
사랑의 협주곡이다

북소리를 울려다오

어제의 북소리는
마음을 열 수 없다

북소리를 울려다오
천지를 진동시켜

마음과 마음을 이어주는
평화의 문을 여는

저 시원의 소리를
힘껏 두드려다오

무의식의 세계를 일깨워다오
정감 넘치게 부어다오

희망의 별이 반짝반짝
빛나게 두드려다오

북소리의 사유

북소리는 여운의 진동으로
저 높은 이상의 세계로 날아가
경계를 초월하여
천국으로 들어가

북소리는 사유한다
내 안에 사유함은 두드림이다
침묵하는 고요는
새로운 울림을 위한 준비

우리의 이성에 내재된 관념들
덕과 용기와 지혜를
내면의 불안을 씻어 주며
심적인 안정을 편안히 이끌어 주는

일상의 문제들을
사색하게 하고

행복의 염원보다
축복을 절제하라는 소리

우리는 무엇을 깨닫-고 있나
무엇을 바라야 하나
지식이 아니라 자각을
소유가 아니라 탐구하라는 소리

북소리의 시원

시원을 초월―하여 뛰어넘어
모든 소리를 잠재우고

진폭을 넓혀가는
사랑 실은 풍만의 북소리

더 크고 넓게 높게
꿈이 영그는 소리

영의 세계를 넘나드는
아리아 한 악장의 향기에도

아름다운 삶을 노래하는
영혼을 실은 별이 빛나는 밤

북소리의 시향

북소리는 울창한 숲속으로
여리게 스며들어 갑니다
다 비우고 다 버리고
초연해지기 위해

자연의 품에 안겨 웁니다
푸르고 깨끗해진 정화된
청정해진 심신의 고요
영혼의 맑은소리가 되어

언제나 새롭게 태어나
맑은 도량의 정기 되어
푸른 사념의 골짜기로
시향의 세계로 젖어든다

북소리의 안식

북소리는 달려와
넓게 깊게 안식의 위로를 건넨다

꿈과 희망의 촉매 되어
기쁨으로 녹아 알알이 박히는 정

은은한 꿈은 숲속을 달려와
운명의 빗장을 여는 바람

그리움이 쌓인 설렘
가슴 저미는 영혼의 두드림

평화로운 숲의 요람을 일깨워
피안의 세계로 이끄는 북소리

북소리의 영광

보고 싶고 듣고 싶은 소리
뚜벅뚜벅 걸어온

그리움의 잔영은
흰 구름에 날려보내고

가슴 시린 속박을
비워 버린 북소리

슬픔의 계단을 뛰어-넘고도
한 줄기 희망의 미세한 진동

기쁨의 희열이
메아리로 달려오는

성찰의 깨어남인가?
둥둥 울려오는 영광의 북소리

북소리의 정

행복을 나눌 수 있는
기쁨을 줄 수 있는
배려가 깊게 배인

애정 듬뿍 담아
넉넉한 인정 넘치는 울림
온유와 겸손이 깃든

아름다움을 보는 선한 마음
나눔에 인색하지 않은 자애
자연에 깃든 순수의 소리

화려한 빛남보다 지혜가 번쩍이는
깊은 울림으로 다가서는
행복이 넘치는 북소리

북소리의 정의

두드림을 깨닫기 전엔
아무것도 모른다
오직 한 가지
울림만 전한다 둥둥둥

자유와 평화 사랑과 헌신
그리움과 애달픔과
반성의 울림
하나로 답하는 것

북소리의 진통은
정의란 무엇이고
아름다움이 무엇이며
진실 됨이란 무엇인가?

가치의 문제인가?
존재의 문제인가?

사유의 문제인가?
잠자는 심미안을 두드려 깨운다

북소리의 홍

북소리는 우리의 영혼에
일상의 즐거움과 구원의 리듬

과거 현재 미래를 열어주는
저 하늘에 맞닿은 꿈의 동산

시공을 넘어 절제를 평정한
지극한 경지에 이른

공명의 울림은 유한함과
덧없음을 초월한 소리

연봉을 넘나드는 뭉게구름
대자연의 풍만함을 일깨운

그 북소리 둥 둥 둥
깊고 맑다

북소리의 힘

우리는 두드리고 싶다
선지식의 목마른 갈구

천국을 향한 욕망의 발돋움
예술인의 빛나는 거장들의 혼불

도의 경지를 뛰어넘어
입신의 경지 이룬 창조의 신세계

운명을 개척한 승리의 월계관
사랑으로 내일의 관문을 열어

지평을 넘어 회한과 그리움
꿈을 그리며 도달한 세월의 편-린

선의 고지는 언제나
저- 우렁찬 북소리의 염원

명품 명작의 탄생은

인고의 세월을 살았구나

사랑

가슴 깊숙이 반짝이는 등불
그 등불 하나 켜 잊지 못하는 그리움

이따금 심지를 돋워
활활 타는 불꽃

그리움은 기쁨이 되고
희망은 상상의 날개

내가 꿈꾸던
당신의 품속으로 날아갑니다

날마다 잊지 않고
꿈이 깨지 않도록

목을 길게 늘인 학이 되어
밤새워 날아갑니다

기도는 행복의 소나타

교향시가 울려 퍼지는 사랑은 묘약

영혼의 완성

영혼의 완성을
이루기 위해
우리는 지구에 온 행성

영혼의 자유로운 행복의 문 – 열어
새로운 창조의
즐거운 고통을 부여받아

기쁨과 즐거움 넘치는
감미로운 교향곡 들으며
우주의 왕복선을 타고

영화로운 감격에 넘쳐올라
날개를 펼쳐
은하의 별이 되자

운명의 문을 열어

운명의 문을 두드리기가
그렇게 어렵-던가?
문은 이미 열려 있었는데

넓은 가슴에 안겨 잠들면 그만인데
징검다리를 건-너다
빠져 허우적댔나!

부끄럽고 미안하고 겸연쩍어
용기를 못 내었지
일평생 사랑하며 살면 되는데

운명은 강물처럼 흘러가고
저 강을 건넌 열차는 달려가는데
낙동강을 건너지 못한 채

떠도는 바람 한-줄기에

운명은 쓸려가 버렸나
소나타 한-악장에도 가슴 아려 오는데

현악기로 써 내려간 천국에서 온 편지
운명은 바람보다 먼저 달려가
행복의 한 자락을 퍼올린다

저 하늘에 기대어

파-아-란 하늘
해맑은 천국의 문을 열어

퍼담은 행복의 무게는
꿈의 무게

책 속에서 걸어 나와
다다른 새벽의 열린 하늘

모두의 평안-이 담긴
희망의 갈피엔

저마다의 고단한 꿈이
영글어 있다

행복은 살아가는 동안 그렇게
수채화-처럼 스며들었다

천국으로의 여행

천국은 어디쯤-인가?
천국은 얼마나-먼가?

벼랑에 기대어 서성이던 시절의 고난도
사계절의 순환도 천국으로의 계단

내 삶의 뿌리 내린 마음이 천국
꿈꾸는 즐거움의 비경이요

음악이 흐르는 저 강물도 샘솟는 기쁨도
찬란한 예술에 감동으로 녹는 행복

시詩가 되어 다가오는 교향곡
영혼을 일깨우는 예지의 무한 질주

첫-사랑

그 아스라한 떨림
처음 느낀 그 순간
가슴이 쿵쾅 되기 시작했지
너무 들-뜬 나머지
말 한마디 못 하였지

그대의 영혼까지 사랑했음으로
숨이 막혀왔지
나의 영원한 등불
사랑의 노예가 되어버린
난 바보가 되었나 봐

운명은 은하수에 떠밀려
은하계의 미아가 되었지
반짝 반짝이는 별빛 되어
사랑을 전하-였어요 저 하늘에
우주 공간에 샛별로 떠

하늘에 연서를 쓴다
죽을 만큼 사랑했다고
하늘만큼 사랑했다고
사랑함으로 행복했다고
영원히 사랑한다고

한강의 부활

계곡 따라 내달리다
유장한 강물 되어
역사를 이룬 한강 물줄기

물에 잠긴 앞산 그림자를 품어
산천 구경하며 달려와
다다른 문턱

찬란한 무지개를 꿈꾸며
노을을 닮아가는 황금빛으로
물들어 가는 눈부신 석양에

바람 한 줄기에도 쓸려 가듯
육신의 공고함 위엄을 찾아
배우고 익혀 신의 경지에 머물 때

강물에 비친 자신의 화려한 조명 받으며

내세에 다시 태어날 약속 믿고
서해—바다의 부름에 달려간다

5부
음악 시

전원 교향곡

당신이 나에게
얼마나 많은 사랑을
주기만 하는지

우주는 왜 이렇게 큰지
지금도 커지고 있는 이유를
알게 해준 당신

혼은 웅장하며
그 덕이 부드러워
옮기는 걸음걸음

앞자락에
전원 교향곡이 되어
감기는 듯하여-이다

푸르른 하늘에

물어물어 봤더니
하얀 구름이 답했습니다

많이 사랑-하라고-그래서
지금 구름을 타고
당신에게 날아가고 있습니다

당신이 나에게
얼마나 많은 기쁨을
말없이 주는지

저 푸른 들녘을 휘감아 흐르는
강물의 찬란한 그리움을
알게 해준 당신

영혼을 적시며
사랑과 정담을 나누며

달려온 강물의 출렁임

가슴에 안겨
환상-교향곡이 되어
휘감겨 오더이다

반짝이는 별-들에게
물어물어 봤더니
산들-바람이 답했습니다

영원히 사랑-하라고-그래서
지금 바람에 안겨
당신에게 날아가고 있습니다

교향곡은 천국의 소리

고통 없는 인생−은 없다
고난을 딛고 얻은 영광의 교향곡

삶은 비극과 희극의 이중주
울리고 또 울리면 문은 열린다

듣고 또 듣는 감동의 여−망
사랑했으므로 행복은 여운으로 온다

언제나 변함없는 송죽의 푸르름
오동나무는 죽어서도 거문고 소리

이−세상에 만인의 빛이 된
교향곡은 듣고 또 들어야지

백−번 천−번
빠르고 느린 음악을 듣다 보면
천국과 지옥이 보인다네

교향곡은 행복의 소리

교향곡에 영혼을 맡겨 놓고
행복의 소리를 퍼담는다

오케스트라의 환희로
폭포수 같은 웅장한 기쁨이 샘솟는다

한 악장의 소나타에도
모두가 가슴 저미고

감동을 다 주체하지 못해
미풍에 실려 보낸다

가슴 깊이 평화의 물결로 다가오는
교향곡은 천국의 소리

오늘은 눈이 하늘에서 펑펑 쏟아져
신천지로 초대한다

포근한 천상에서 울리는
어머니의 다정한 속삭임은

천국의 소리를 듣는
웅혼한 교향시다

비발디 사계

봄

새싹이 파룻파룻 돋아-나니
새들의 노래 소-리 들려오누나
봄바람의 감미로운 속삭임에
마파람 불어 정원은 들썩들썩

꽃들은 화려한 자태를 뽐내며
그리움과 사랑에 아지랑이 보듬고
산야는 푸르게 푸르게
정겨움에 물들어 간다

여름

천둥과 폭풍우 지난 후
더 짙어진 신록의 요람
전원의 품에 안긴 요정의 신들
철새들 노래에 찬란한 꿈을 꾸며

농부들 품에 밤하늘 별들은 잠들어
감미로운 선율은 어머니 품
회한과 통한의 기쁨으로 다가온
꿈꾸는 자만의 행복의 노래

가을

오곡이 여물어 가는 들녘
수확의 기쁨으로 축배를 들며
신을 찬미하며 오늘의 영광을 위한
즐거운 노래 흥겨운 춤사위

들국화의 향기는 사랑의 포-옹
신들의 세계에 초대받아
한-발한-발 들여 놓고
교향곡의 영광에 취한다

겨울

북풍 불어와 스산한 산과 들—녘
산천은 흔들리는 영혼의 갈등
함박눈이 덮어버린 백야
청솔은 광풍에 목이 쉬도록 울어

겨울 환상 여행은
진통이 끝나 가고 찾아오는
봄을 기다리는 설—레임
강 건너 남풍이 이따금 불어온다

사계四界

봄엔 비가 올 때마다
푸른 새싹이 싱글벙글 돋아나고

여름엔 폭우가 내리면
숲은 세상을 푸르게 꿈을 펼친다

가을엔 비가 올 때마다
물든 낙엽은 바람에 휩쓸려 떠난다

겨울엔 하얀 눈이 내리면
세월의 무게에 산천은 하얗게 잠이 든다

소리의 천국

음악은 따뜻한 위안
노래는 기쁨의 희열

인성과 감성을 조화롭게
천국으로 내－딛는 항해의 깃발

격정은 마음의 표현 즐거운 춤사위
흥과 신명의 타－악기에 흔들린 봄바람

현을 위한 애절함에 뭉게구름 피어나고
피아노의 선율에 물결은 파도를 넘고

금관－악은 사랑의 이중주
장대한 합주에 운명은 떠밀려 간다

초월적 명상으로 참 나를 깨운 영혼
흥겨운 삶은 언제나 행복한 바람이 된다

연주회의 초대

교향악의 합주는
어둠을 깨우는 시공의 바람
별빛처럼 솟아-지는
저 하늘에 맞닿은 선율

현악기의 잔잔한 감미로움
관악기의 힘찬 울림은 신들의 축배
타악기의 여흥은 환희와 승리의 기쁨
꿈꾸는 신비의 소리를 여는 서시

합주단의 연주회는 천국으로 초대
제트 열차를 타고 하늘을 나는 유영
아찔한 행복 즐거운 콧노래
찬란한 빛이 솟아-진 저 하늘 아래

세상이 아름다워 보이는 것은
자신만의 우주에 날개를 펼친 천국

천상의 소리에 어깨가 들-썩-들-썩
산야는 더 푸르게 다가온다

사랑은 천국을 유영하는 여정
행복의 징검다리를 건너
천상의 기쁨과 환희의
천국의 소리를 듣는다

예술의 전당 가을 음악회

가을은 화려한 단장으로
붉게 물들어 가슴 설레게 하고
풍만한 가슴을 풀어헤쳐
유혹하는 바람의 계절

스산한 갈바람에 실려
마음은 둥둥 떠서 떠내려간다
그리움에 침잠한 관현악 연주에
단풍은 더욱 붉게 물들어

아름다운 삶을 사는
흥겨움에 낭만이 넘친 즐거움
가을 음악회에 빠져든 교향곡
삶을 사랑하고 초탈한 소리

진폭을 넓혀 사랑과 화해의 조화 이룬
더 높아진 파란 하늘

더 크게 넓게 높게 꿈이 영그는
가을 소나타 한 악장에 떠내려간 영혼

운명 교향곡

요동치는 천둥소리 별빛 되어 빛나고
떠-오르는 태양은 꿈을 잉태시켜
검푸른 바다를 뛰어넘어
영속을 응결凝結한다

꿈-동산은 낙원 되어
동산에 피어난 이상향
영혼을 덮쳐온 우람한 기암과 영산의
위용과 장대함을 뛰어넘어

험-준령峻嶺 계곡-을 내달리다
영화榮華가 되고 축복 되어 솟구쳐
반짝이는 은하수로 다리를 놓아
운명은 그렇게 다가-오더-이다

음악에 취하여

가슴 쓸어내리는
슬픔의 눈물은
라장조로 되돌아와
환영의 별이 된다

간밤에 핀 국화꽃은
새로운 언어로 다가와
더 화려한 색조로 단장한
기쁨의 세레나데 한 악장

합주단의 장중한
전설의 연주는 희망의 빛
가슴을 열어 맞이한
천국으로 초대한 환희

기쁨의 열망들
가슴 벅차 다 담지 못해

듣고 또 듣는다
행복 넘치는 합창교향곡

음악회의 초대

새로운 장벽을 넘어
전주곡의 설레-임은
한 악장의 소나타에도
가슴 저며 오는데

바람 앞의 등불이 된
질풍의 협주곡은
광야를 달려가는 인생의 희로애락
영혼의 안식을 이끌어 주는

장조와 단조의 징금-다리 건너
그리움의 편린을 끌어안고
행복의 강을 건넌
사랑의 아리아 한 악장

그리움은 가슴 저미고
희망 넘치는 기쁨이 밀려오는

잊지 못하는 추억 속의 연가
아-사랑은 망각을 일깨워

한 줄기 빛을 찾아 맴도는
잊지 못할 G 선상의 아리아
한 악장에도 그리움에 젖어
향기에 취한 옛-사랑의 노래

클래식의 향기

사랑의 소나타로 삶의 아름다움이
넘치는 활력
그리움의 일깨움은 신과의
달콤한 대화 유추

소나타 한 악장에도 참았던
눈물이 핑 도는데
영혼의 심금 울려
기쁨의 감동 주는

감미로운 애정이 넘치는
꿈의 세계로 이끄는
심신의 우아한 아름다움을
만들어가는 마법의 옹달샘

넘치는 기쁨 천상의 향기를 품은
자유와 행복 사랑의 쌍곡선

리듬, 멜로디, 화음을 화합하여
천국에 이르는 생명 운동의 기쁨

교향곡은 천국으로 영혼을
인도하는 빛이어라

타이스의 명상

이 세상에 태어나
아버지의 얼굴을 한번-도 보지 못해
가슴이 아립-니다

마스네의 타이스 명상곡에 잠겨
시원을 넘어 그 모습 그려 봅니다
꿈에라도 한번 오셔서 불러 주세요

명상의 저 깊은 선율에 이끌려
아름다운 회한의 빛이 되어
가슴을 찢어 놓은 저 선율

시공을 뛰어넘은 만남의 설레-임으로
목놓아 불러 봅니다
아버지 --- 아버지

하늘에 띄우는 편지

어머니 "알비노니의 아다지오 G단조"를 들어 보세요
저 밑바닥에 고인 그리움은 차오르고
슬픔은 그 얼마나 깊은가요

어머니 목이 메어 불러 봅니다
영혼의 환영幻影이 저 하늘 높이 떠서
햇살같이 비춰-주네요

빛과 사랑을 내려보내시고
저 멀리 돛배를 타고 어디로 가고 계십니까?
그 음성 가슴 무너져 내리는 선율

그리움과 아쉬움의 느린 음표가 되어
알알이 박혀 들고 절절히 그리움만 되살아납니다
잊고 지낸 슬픔의 편린片鱗들은 희망의 빛이었습니다

못다-한 사랑의 노래는 새벽의 여명黎明

저 깊은 심연에서 맑은 옹달샘으로 솟아
심상을 따뜻한 기쁨으로 변환-시켜주는 "아다지오"

슬픔이 아니고 기쁨입니다
그리움은 기쁨입니다
회상은 기쁨입니다

"토마소 알비노니-아다지오 G단조"

한강의 노래

공자孔子는 시詩와 예禮와 악樂을
삶의 인본주의 기본으로 살라 한다
시를 보면 흥이 솟고 노래가 된다

예를 바탕으로 삶의 지표를 삼-고
음악을 통하여 선의 경지를 넘나들며
절대 순수와 중용의 경지에 머물고

일상의 마르지 않는
위안의 생명수로
세상을 보라 한다

흘러가는 강물처럼 살아도
비워지지 않는 마음
내 안의 나를 본다

하늘을 따라 흐르는 강은

다 버리고 비우고 맑은 마음으로
한강은 유유히 흘러간다

밤바람에 흔들리는 불빛도
후회하지 않을 순간을 위해
깜박이며 어둠을 밝힌다

행복의 선율

이해의 비빔-밥 한술에
칭찬의 기름을 발라
사랑의 떡잎 한-장 놓아

모두의 가슴에
합창이 된 향연
셈을 하지 않은 향기는

감미로운 배려의 꽃을 피운
행복의 선율은
평화의 물꼬-를 틀어

저 깊은 심연에서 샘솟는 감동
한 악장-식 경청해 가노라면
행복의 물줄기는 교향곡이 된다

환상 교향곡

전원의 목가적인 아름다움은
천국과 지옥을 오가는
승리의 축배-위한 교향악

극한의 고통과
지고지순한 정결함
번뇌를 뛰어넘어

궁극의 경지에 이르러
천국의 문을 열어
영혼의 안식을 찾아

어둠을 밝히는 반짝이는 별
한-줄기 빛을 내려받은
축복은 승리의 길

영롱한 이슬처럼 맑아진 영혼

부활의 기쁨에 안겨

천국으로 들어가는 길이어라

6부
평생 건강할 시

일억을 벌었다

평생 감기 안 걸리고 코로나 같은
유행병에 걸리지 않는 비법,
일-평생 병원 갈-일 없다

음료수 페트병에 하얀 굵은 소금을
3분에 1 정도 넣고 물을 가득 채워
흔들어 주면 짠 소금물이 된다

이것을 화장실에 두고 식후에 소금물을
딱한 모금만 머금고 가-글을 하고 이빨을 닦고
맹물로 2-3-번 헹궈 주면 된다

식후 하루에 3번 소금물로 이를 닦고
치약은 쓰지 않아도 된다, 치약을 쓰실 분은 치약으로 다 닦고.
소금물로 또-잠깐 닦아 준다

소금물로 가글-하고 닦으면 입속의 바이러스가 즉시 다 죽어
평생 감기 걸리지 않고 모든 질병 코로나 같은
유행병에 걸리지 않는다

평생 이빨 썩지 않고 잇몸 상할 리 없고
입속이 깨끗하여 100살까지 이빨 튼튼해요
모든 세균의 감염에 의한 질병이 없어져요

입안에는 따뜻한 침과 물기가 항시 있어서
코나 입으로 숨-쉬는 공기 속의 세균과 바이러스가 들어오면
수만 수백만 마리로 번식하여 입속 몸에 파고든다

인과관계 접촉 많은 직장인은 미니 페트병에 소금물을 담아
주머니나 가방에 넣어두고 화장실 갈 때마다 가글 하면

평생 질병 감염 걱정 없다

바다를 보라… 이 세상의 온갖 폐수 똥물 하수구 물은
강물을 통해 바다로 흘-러 들지-만 바다의 짠 소금물
은 이 모든
지구상의 바이러스를 즉시 죽여 정화 시켜 놓는다.

짠 바다의 소금물이 지구를 항상 깨끗이 살려 놓는다
하나님이 지구를 창조할-때 소금물-을 주셨다
소금물로 가-글 잘하면 평생 병원 갈-일-없다

전 세계인 누구나 실천만 잘하면 평생 일억은 벌었다
세계의 모든 인류의 건강과 평화가 온다
전-세계 인류의 건강과 행복이요 천국에서 살게 된다

모든 인류가 모두-다 실천-한다면 바이러스와 세균
이

즉시 다-죽어 유행병이 돌지 않고 전-염이 안되어
이 지구상에 평화가 온다

지구상의 모든 인류가 죽을-때까지 실천-해야 할 의무이다
평생 건강하게 아프지 않고
병원 갈-일 없이 산다면 좋겠지요

저 이야기 잘 듣고 따라서 실천=한다면
일-평생 병원 가지 않아 병원비 1억-원은
벌어 놓은 셈-입니다 ---실천만 잘하면

건강한 정신과 육체

평생 단단한 육체와
유연한 체격과 몸매를 위하여
건강하게 사는 비법

체조-를 하자 초등학교 다닐 때 배운 체조
텐-텐- 체조를 하자
즉 한-가지 종류를 10번 하자

다-하여도 5-10분도 안 걸린다.
체조는 몸을 유연하게 부드럽게
관절 마디마디가 원활하게 돌게 한다

텐 텐-체조는 죽을-때까지
매일 무조건 해야 한다
건강이 최고 행복 첫-째 조건이다

뇌 운동을 열심히 하여 꽃을 피우자

치매 두통이 없어지고
머리가 맑아진다

머리를 좌우로 100번*
위-아래로 100번 … 흔들어 주고
우로 돌리기 100번*
좌로 돌리기 100번을 매일 하라

처음 일-주일은 20번 30.40.50.60.70.* 번씩-하다
일주일 후에는 매일 100-번씩-하세요.
잠깐 쉴-때 TV 볼-때
한가로울-때 하세요

눈도 밝아지고 귀도 밝아져
머리 혈류도 잘-돌아
노년에까지 건강하게
평생 젊게 사는 비결이다.

눈을 밝게 하기

머리 감을 때 비누나 샴푸로 머리 다—감고
씻지—않고 그 비누 거품 손으로 눈을 비벼준다
좌—우 가운데 손—가락 안쪽—으로 하여
강하게 누르며 문질러 준다

양쪽 눈을 10번씩 번갈아 가며 문질러 준다
머리 감을 때—마다 양쪽 눈을
50—번씩 문질러 씻어주면 좋다—(평생 할 것)
(첫날엔 10번 다음날 20.30.50번 일주일 후엔 50—번씩)

눈이 맑아지고 밝아지고 시력도 좋아져요
시력이 안 좋은 분은 당장 실천—하세요
한 달만 하면 금방 좋아지고 효과 봅니다

*주의—평소엔 손—바닥 손가락으로 눈을 절대로 비비지 마세—요. 눈병이 잘—나요. 사람의 손—바닥이 제일 더러워—요. 세균도 많고 손으로 모든 것을 다 만지니까. 손은 바이러스 세균 덩어리. 눈은 언제나 눈물과 습기—있어 바이러스 세균 번식 순식간에 수만—마리 번식—해요 급하여도 손수건으로 눈을 닦으세요. 특히 어린이들 주의 주세요(눈 나쁘고 시력 일찍이 망가져요).

다리에 쥐가 날—때

다리에 쥐가 날—땐 즉시
양쪽 다리를 죽 뻗어 똑—바로 앉아

두 손으로 양쪽 발가락과
발—바닥을 힘껏 잡아—당긴다

쥐가 멈출 때—까지
바로 쥐가 멈춰요

몸이 피곤-할 때

걸음을 많이 걷고
일을 많이 하여
피곤할-때 피곤을 푸는 방법

다리에 손목에 힘을 빼고
거치대 기둥을 잡고 서서
좌우 발목 손목을
50회 이상 흔들어 준다,
돌려준다, 털어 준다,

바로 피곤이 사라져-요 시원해-요
발목 손목이 유연하여
미끄러져-넘어질 때 다치지 않는다

복식 호흡으로 혈행 건강하게

심호흡 운동을 하자

숨을 들이쉬고 내 쉬는 시간을
2-3분 정도 멈춰
복식 호흡으로 길게 몰아쉬기

하루에 10-20번 이상 하면
심폐 기능 좋아지고
혈행 운동에 매우-좋다

매일 하여 건강-하시기 바람

(단전 호흡과 복식 호흡 운동)
〈국선도, 태극권, 중국의 파룬궁〉

비듬 없게 사는 방법

머리를 감을 때 손바닥 쪽 손가락으로
살살 문지-르고 밀고-감아 준다

손톱을 세워서 박박 감으면-안-돼요
시원한 것 같아도 피부가 상해서
머리카락이 5,6배 많이 빠져-요

계속하면 알-머리, 대-머리 된다
염색을-하면 피부가 상해 고생한다

피부도 상하여 비듬이 많이 생긴다
비듬이 많은 사람은 특별히-주의 요함 !!!

손바닥으로만 박박 감으세요

암에 걸렸을 때

각종 암에 걸려 고통 받—을 때
아래 번호로 연락하시면

고통 없이 돈 안 들이고
낫게 해주는 비책을 알려 드립니다

평생 건강하게 수술비 수천—만원
절약하게 하여 드립—니다 확신—합니다

큰—병원 안—가서도
완쾌하도록 해드립니다

010-7292-6304
저의 시집 독자분은 바로 연락 주세요

한—평생 힘들게 벌어서 말년에
암—수술비 방사선 치료비에 탕진하지 말아요

북소리

초판 1쇄인쇄 2025년 7월 28일
초판 1쇄발행 2025년 7월 31일

저　자　성포 박명현
발행인　박지연
발행처　도서출판 도화
등　록　2013년 11월 19일 제2013-000124호
주　소　서울시 송파구 중대로34길 9-3
전　화　02) 3012-1030
팩　스　02) 3012-1031
전자우편　dohwa1030@daum.net
인　쇄　(주)유진보라

ISBN ｜ 979-11-92828-92-3 *03810
정가 13,000원

잘못 만들어진 책은 교환해 드립니다.
저자와 출판사의 허락 없이 책의 전부 또는 일부 내용을 사용할 수 없습니다.

도화道化, fool는
고정적인 질서에 대한 익살맞은 비판자,
고정화된 사고의 틀을 해체한다는 뜻입니다.